DEBUT D'UNE SERIE DE DOCUMENTS
EN COULEUR

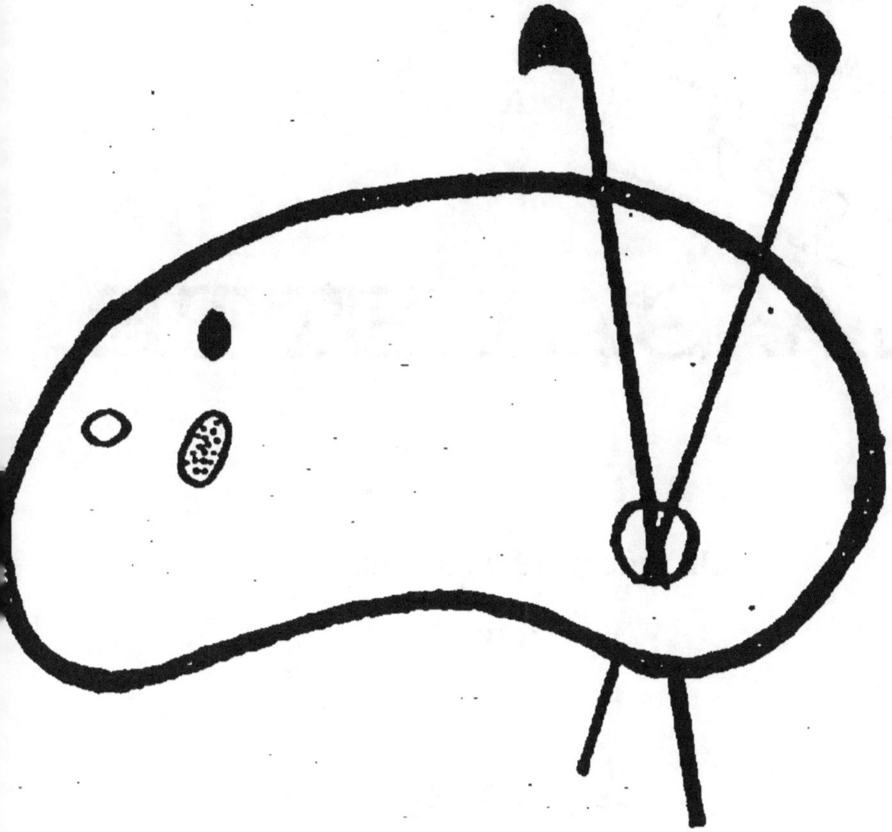

PELERINAGE BRETON

A

LA SALETTE

31 Aout, 12 Septembre

1896

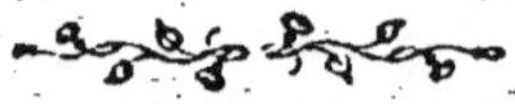

LIBRAIRIE FOUGERAY, A RENNES.

C. Chenin, Imp. à D. à Pierre par Toul (Meurthe)

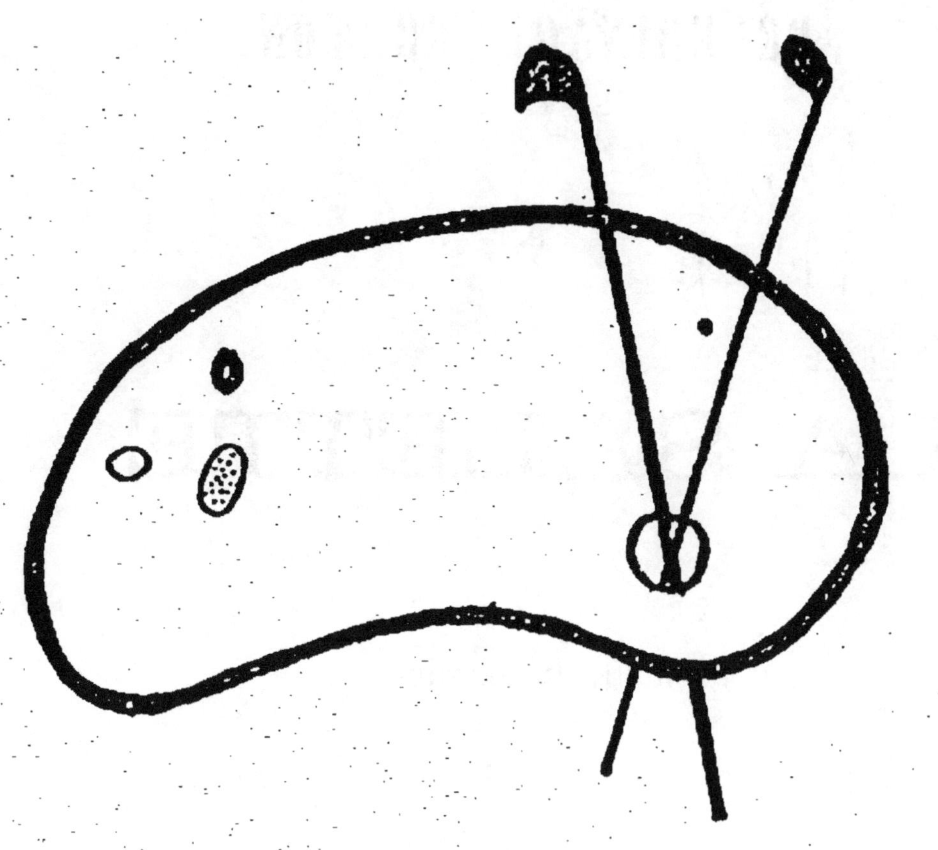

FIN D'UNE SERIE DE DOCUMENTS
EN COULEUR

PÈLERINAGE BRETON

A

LA SALETTE

31 Aout, 12 Septembre

1896

LIBRAIRIE FOUGERAY, A RENNES.

DÉPART DE RENNES

Le lundi 31 août 1896, quatre-vingts pèlerins quittaient la Bretagne pour se rendre à Paray-le-Monial, à la Salette et autres célèbres sanctuaires. Ils avaient pour Directeur spirituel Monsieur l'abbé Nouvel, recteur de Princé, aidé de Monsieur l'abbé Guyon, aumônier de Saint-Cyr et pour Président Monsieur le Comte du Dezerseul dont l'amabilité et le savoir-faire ont triomphé de toutes les difficultés.

A onze heures, les pieux voyageurs, installés dans les voitures qu'on leur avait assignées à Rennes, saluaient Notre-Dame de Bonne-Nouvelle et se dirigeaient vers Vitré. Là, on nous distribua nos insignes de pèlerins : une médaille de la Salette avec un ruban aux couleurs de la Très Sainte Vierge. Cette décoration, dont nous sommes plus fiers que d'autres ne le sont du ruban rouge, ne nous quittera qu'à notre retour ; elle nous attirera bien des regards et bien des réflexions. Les prières alors deviennent plus ferventes, les chants retentissent accompagnés par le bruit sourd et monotone du train sur les rails.

A quatre heures, nous étions dans la belle cathédrale du Mans à prier saint Julien, si populaire dans notre diocèse et cher à beaucoup de pèlerins. Mais déjà le train nous emporte vers Tours. La soirée, consacrée à la récitation du Rosaire, à la méditation, à de pieux entretiens, se passe bien vite, et c'est avec regret que nous voyons si tôt écoulée la première journée de notre voyage.

Le lendemain, dès quatre heures, trente prêtres se préparaient à célébrer la sainte Messe dans l'oratoire de la Sainte-Face à Tours. Dans cet ancien salon de Monsieur Dupont, transformé en chapelle, leur méditation se nourrit des souvenirs du saint homme. Tout près de l'autel, ils remarquent le tableau de la Sainte-Face devant lequel brûle la lampe allumée par Monsieur Dupont et dont l'huile bienfaisante a rendu la santé à tant de malades et converti tant de pécheurs.

Cependant les autres pèlerins sont arrivés : ils entendent la messe et communient avec ferveur afin d'obtenir la disparition et l'expiation du blasphème, objet propre de la dévotion à la Sainte-Face. Ils se rendent ensuite à Saint-Martin pour recevoir la bénédiction du Très Saint-Sacrement. Ils admirent la basilique, encore inachevée, mais très belle, et vénèrent le chef et le bras du Thaumaturge. Ces reliques, placées aujourd'hui sur le maître-autel, ont seules échappé à la fureur des Huguenots du XVIe siècle et des révolutionnaires du XVIIIe. Après avoir repassé l'histoire de saint Martin, très bien peinte sur les murs de la basilique, les pèlerins parcourent la crypte où sont pieusement conservées, dans un riche mausolée, les pierres de l'ancien tombeau du saint. Ils prient saint Brice et saint Perpet, évêques de Tours, dont un autel leur rappelle le souvenir ; puis reprenant non pas le bourdon mais le train, ils passent à Vierzon, Saincaize, Moulins, et arrivent à Paray-le-Monial, vers minuit.

La nuit du mercredi, 2 septembre, paraît longue aux pieux pèlerins du Sacré-Cœur. Enfin, aux premières lueurs du jour, la chapelle de la Visitation est ouverte et ils peuvent épancher leur cœur au pied de l'autel où Notre-Seigneur apparut à la Bienheureuse Marguerite-Marie. La prière est facile en ce lieu béni : la foi, l'amour, la reconnaissance envers le divin Cœur touchent profondément les âmes et font monter aux yeux de bien douces larmes.

La Messe de pèlerinage commence. Un artiste délicat est à l'orgue et les cantiques au Sacré-Cœur retentissent dans la basilique. Ils expriment à Jésus nos adorations avec les vœux que nous formons pour l'Église, la France, tous ceux qui nous sont chers. Les voix ont un accent de conviction, de force, de piété suppliante qui semble propre à consoler le Cœur si aimant et si peu aimé de Notre-Seigneur.

A la communion, notre Directeur spirituel prend la parole. En termes pleins d'à-propos et vraiment éloquents, il exhorte ses chers et pieux pèlerins à s'approcher de la sainte Table avec plus de ferveur que jamais. Devant ce tableau qui représente Jésus montrant à Marguerite-Marie son Cœur entouré d'épines, devant cette grille où se lisent en lettres d'or les mots : « Gloire, amour, réparation au Sacré-Cœur ; » dans cette enceinte tapissée d'ex-voto venus de toutes les parties du monde, le surnaturel se sent, la grâce inonde les esprits et les volontés et toute parole à la louange de Jésus pénètre les cœurs. Aussi avec quelle piété recueillie tous les pèlerins firent la sainte Communion ! Avec quelle confiance ils recommandèrent à Notre-Seigneur leurs intérêts, ceux de leurs parents, de leurs amis, les malades et les intentions du pèlerinage !

Les heures, trop courtes hélas ! se passent presque tout entières dans la basilique un peu basse, un peu sombre mais où tout porte au recueillement et à la piété. A la grand'messe notre Directeur commente ce texte des Livres Saints : « *Deus caritas est.* » « Dieu est amour. » Dieu nous a créés, Dieu nous a rachetés, Dieu nous sanctifie par les sacrements mais surtout par la divine Eucharistie, chef-d'œuvre du Cœur de Jésus. Dieu nous poursuit donc de son amour, nous aussi nous devons l'aimer, nous devons le prier, nous devons expier pour nous et pour les pécheurs de l'univers. Ces paroles ne se comprennent nulle part mieux que dans l'église de Paray-le-Monial. Le Sacré-Cœur est la manifestation sensible de la charité infinie de Dieu pour nous, le centre et comme le résumé de notre foi, la source de toutes les grâces : le Sacré-Cœur pour nous et notre chère patrie, c'est le salut.

Beaucoup de pèlerins font alors le Chemin de la Croix dans le beau parc qui entoure la basilique. Les personnages de chaque station sont de grandeur naturelle et artistement sculptés, la quatorzième station est une croix d'un pèlerinage de Jérusalem plantée au-dessus d'une belle grotte représentant le tombeau de Notre-Seigneur. Ils vont de là visiter le Musée eucharistique, construit avec goût, où l'on rassemble les écrits, les gravures, les peintures, en un mot, tous les objets qui peuvent faire connaître et aimer le Sacré-Cœur et l'Eucharistie. Il faudrait des jours pour avoir une idée exacte des richesses qui remplissent déjà ce monument. Nous n'avons que quelques minutes pour parcourir les salles et jeter un coup d'œil rapide sur les tableaux et les objets les plus remarquables. Ceux qui auraient des doutes sur la présence réelle de Notre-Seigneur dans l'adorable Eucharistie seraient vite convaincus s'ils visitaient la salle des Miracles où Jésus est apparu visible dans la sainte Hostie.

Nous visitons le tombeau du R. P. de la Colombière, directeur de la Bienheureuse Marguerite-Marie, puis nous revenons prier l'humble religieuse à qui Notre-Seigneur révéla son Cœur. Dans un riche reliquaire, Marguerite-Marie est exposée tout près de la Table sainte. Révêtue de son costume de religieuse de la Visitation elle a les bras ramenés sur la poitrine; d'une main elle tient un lis et de l'autre une image du Sacré-Cœur. Un lis, une image du Sacré-Cœur: symboles touchants qui résument très bien cette admirable vie.

Au moment de quitter Paray, la tristesse s'empare de nous : nous avons été si heureux dans ce petit coin de terre où l'âme prie et médite sans être distraite ni par la beauté des paysages ni par les curiosités de la ville ! O Cœur Sacré de Jésus, ayez pitié de nous ; daignez nous faire goûter, dans les moments difficiles, quelque chose des douces et pénétrantes émotions dont vous nous avez comblés en votre sanctuaire de Paray-le-Monial !

ARS

Les pèlerins, charmés de leur délicieux séjour à Paray-le-Monial, supportent allègrement les huit heures de voyage qui les séparent d'Ars. Ils se communiquent leurs impressions, rappellent le souvenir des chers absents et s'édifient dans la prière commune. Mais le train qui les a si rapidement et si commodément transportés à Mâcon les dépose à Villefranche. Il leur faut à grand'peine trouver une petite place dans des voitures trop peu nombreuses. Il est nuit quand ils traversent la Saône sur un pont suspendu dont le balancement fait frissonner quelques pèlerins. Un hôtel, qui aurait paru beaucoup trop confortable au vénérable Vianney, leur procure à Ars, un bienfaisant repos.

Quand le jeudi matin, 3 septembre, les pèlerins aperçurent, groupés autour de l'église, les quelques maisons qui forment le petit bourg d'Ars, plus d'un s'étonna peut-être de la célébrité de cet humble village. Mais une visite au sanctuaire où, pendant quarante années, le pieux curé d'Ars a prié, prêché, confessé; quelques instants de réflexion sur la tombe de celui qui, dans un siècle enorgueilli de sa science et de ses découvertes, excita l'admiration de la France entière en lui montrant ce qu'est un vrai prêtre de Jésus-Christ, et enfin la biographie, si intéressante, si pleine d'onction que M. le curé actuel d'Ars fit de son prédécesseur, mirent en pleine lumière la cause de la gloire qui rejaillit sur cette modeste paroisse : Dieu a voulu glorifier le séjour de son bon et fidèle serviteur.

Lorsque en 1818, à l'âge de 32 ans, l'abbé Vianney prit possession de la cure d'Ars, les habitants avaient abandonné toute pratique religieuse. Blasphémer, travailler le dimanche, danser dans les cabarets, telles étaient les habitudes presque générales du pays. Six ans de prière, de prédication, de pénitence lui suffirent pour déraciner ces vices et ramener ses paroissiens à l'accomplissement de leurs devoirs de chrétiens. Puis cette salutaire influence franchit les limites de la paroisse : les pèlerins commencèrent à venir et depuis 1835 leur nombre dépassa chaque année quatre-vingt-mille.

Le Curé d'Ars devait ces merveilles à Dieu d'abord qui l'avait choisi pour dispensateur de ses grâces, à Marie qu'il aimait d'une affection si naïve et si tendre. Il les devait aussi à sainte Philomène, aimable sainte martyrisée vers l'âge de 12 ans et dont le corps, après avoir reposé pendant dix-sept cents ans dans la catacombe de sainte Priscille, a été découvert seulement en notre siècle et a opéré des miracles sans nombre.

Le vénérable Vianney fut un instrument docile et dévoué de la Providence : sa vie fut toute à Dieu et aux âmes. Voici le confessionnal où il passait en moyenne dix-huit heures par jour, en dépit de la souffrance qui torturait son âme et son corps ; le confessionnal où il reçut tant de faveurs célestes, sauva tant de pécheurs que : « Personne, disait-il lui-même, n'oserait pénétrer dans la chapelle où il se trouve, si l'on savait ce qui s'y est passé. » Voici la chaire où il prêcha presque chaque jour et avec quel succès ! Dans la sacristie se voit la vieille table sur laquelle il préparait ses prônes. Enfin, au presbytère, on peut visiter la pauvre chambre avec le grabat sur lequel il prenait quelques heures de repos, quand le démon, le Grappin, comme il l'appelait, ne le persécutait pas de ses farces infernales et n'allait pas jusqu'à mettre le feu à son lit. Le Curé d'Ars jeûnait continuellement : il ne faisait parfois que trois repas par semaine et chacun se composait de trois matefaim, qu'il préparait lui-même, ou de quelques pommes de terre. Joignez à ces austérités, à ces travaux, des flagellations quotidiennes avec des disciplines de fer et essayez de comprendre comment le Vénérable pouvait vivre. La Providence le soutenait, la Providence qui multiplia si souvent la farine dans le pétrin de la maison de l'orphelinat afin de nourrir les orphelines du saint Curé.

Cependant nous sommes sur le point de quitter Ars. Nous avons entendu la Messe et reçu la bénédiction du Très-Saint Sacrement. Visitons le chœur et le transept de l'église nouvellement reconstruits, admirons les belles peintures de la coupole qui redisent les luttes et les triomphes de sainte Philomène, puis, après avoir vénéré les reliques de cette sainte, allons vite prendre nos placés dans les omnibus. Les aimables prêtres qui nous ont si bien reçus viennent nous dire au revoir. Les habitants sont sur la place à nous voir partir et à écouter les cantiques en langue bretonne que des pèlerins chantent d'une voix forte et mordante.

Edifiés par la vie mortifiée du vénérable Vianney, il nous semble que les fatigues et les privations de notre pèlerinage nous coûteront moins. Au sortir du bourg, nous saluons une belle statue de sainte Philomène protectrice des pèlerins et, tout en contemplant la pittoresque vallée de la Saône que nous avions parcourue de nuit, nous sommes bientôt de retour à Villefranche, tout prêts à prendre le train qui va nous conduire à Notre-Dame de Fourvières.

NOTRE-DAME DE FOURVIÈRES

C'était le jeudi 3 septembre, vers trois heures de l'après-midi, un ciel sans nuages, un soleil radieux rendaient encore plus belles les rives de la Saône. Nous étions un peu distraits pendant la récitation de notre Rosaire : nous cherchions des yeux la sainte colline d'où Marie protège la cité lyonnaise. Enfin nous l'aperçûmes cette basilique dont le chevet, avec ses deux blanches tours, se détache si bien sur les arbres verts qui tapissent les flancs de la montagne. Alors redoublent les chants en l'honneur de la très sainte Vierge, ils ne cesseront qu'à l'entrée de la gare de Lyon-Perrache.

Une heure pour trouver un hôtel, (l'hôtel des Beaux-Arts, par exemple, riche en souvenirs) et se rendre à Fourvières au Salut du Très-Saint Sacrement, c'est court ; et pourtant le pèlerinage est réuni au moment indiqué. L'église, où le marbre, l'argent et l'or étincellent, est occupée par cinq ou six cents pèlerins venus du fond de l'Autriche sous la conduite d'un évêque. Ces pieux fidèles dont les costumes se rapprochent de ceux de nos villageois semblent être surtout des paysans pauvres. Ils écoutent, avec la plus édifiante attention, un discours en langue allemande qui doit être très éloquent car nous avons vu couler bien des larmes. On nous invite à passer dans l'ancienne église, qui paraîtrait charmante si elle n'était si près d'un chef-d'œuvre, afin de recevoir la bénédiction de Notre-Seigneur. Après une fervente prière où les chers amis de Bretagne ne sont pas oubliés, nous nous séparons, à la nuit tombante, après nous être donné rendez-vous pour le lendemain, à sept heures.

Le Vendredi, qui nous rappelle la Passion de Notre Sauveur, est un jour bien choisi pour visiter Fourvières où tant de martyrs, imitant leur divin Maître, sont morts pour la foi. Sur cet ancien forum romain furent immolés non seulement saint Pothin, sainte Blandine, saint Irénée, mais un nombre incalculable de victimes de tout âge et de toute condition. En un seul jour, dix-neuf mille chrétiens furent martyrisés : leur sang, ruisselant le long de la colline, vint rougir l'Arar et changer son nom en celui de Saône qui veut dire sanglante. Et la fureur des monstres qu'on appela Marc-Aurèle et Septime-Sévère n'était pas encore apaisée !

Ces souvenirs nous sont rappelés dans un très élégant discours dans lequel l'aimable Recteur de Fourvières nous retrace l'histoire du sanctuaire béni que nous avons sous les yeux. Fourvières a été pour Lyon la forteresse imprenable et protectrice dont parlent les litanies : *Turris Davidica*. Devant elle, la peste et d'autres épidémies ont cessé leurs ravages ; les Allemands ont reculé. Grâce à elle, les Lyonnais ont conservé leur foi et donné des millions pour propager la foi dans l'univers. Aussi, la cité reconnaissante ne croit pouvoir jamais s'acquitter envers Notre-Dame de Fourvières. Le culte de Marie est sa dévotion de choix : la première elle a célébré l'Immaculée-Conception ; elle aime à venir s'agenouiller sur les quais de la Saône pour recevoir la bénédiction du Très-Saint Sacrement qui lui est donnée des hauteurs de Fourvières. Les Lyonnais ne reculeront devant aucun sacrifice, leur fortune et leur génie feront de Fourvières une maison d'or : *Domus aurea*. C'est déjà un très riche écrin, merveilleusement embelli par des peintures murales qui, une fois terminées, dépasseront les rêves de l'imagination.

A cette brillante allocution succèdent les variations ravissantes d'un de nos artistes qui, sur un orgue excellent, traduit ses impressions avec un talent prodigieux. Les pèlerins répètent leur cantique qui a fait son tour de France: « Catholique et Breton toujours, » ils reçoivent ensuite, avec une admirable piété, le Dieu de l'Eucharistie. Longtemps ils expriment à Jésus leurs remerciements et leurs désirs, ils contemplent une dernière fois la basilique dont les splendeurs éclatent aux rayons du soleil ; puis, par des escaliers rapides et sans fin, ils redescendent en ville.

Quelques-uns gravissent les 400 marches qui conduisent à l'observatoire placé sur l'église. De là, ils aperçoivent la Saône qui, après bien des circuits, se jette dans le Rhône ; Lyon avec ses rues et ses places largement ouvertes où l'air circule abondant et pur ; puis, des routes à perte de vue à travers de riches campagnes et enfin des collines qui, s'élevant peu à peu, aboutissent à la chaîne des Alpes très bien dessinée avec les glaciers du Mont-Blanc comme limite extrême. A ce spectacle, les belles paroles de nos saints Livres nous viennent sur les lèvres : *Benedicite montes et colles Domino.* « Montagnes et collines bénissez le Seigneur.»

LA SALETTE

Le Pèlerinage a quitté Lyon ; il traverse, pour se rendre à Grenoble, un pays très pittoresque et d'où l'on aperçoit, à plusieurs reprises, les glaciers du Mont-Blanc. Cependant la chaleur devient brûlante et transforme en étuves nos étroits compartiments. Nous aurons un orage, puisse-t-il éclater avant demain qui doit être la journée la plus pénible de notre voyage !

Le samedi, 5 septembre, nous sommes réveillés par le bruit du tonnerre ; la pluie tombe à verse quand nous allons à la Messe de pèlerinage à l'église Saint-Louis de Grenoble. M. le Curé nous reçoit avec une bonne grâce parfaite. En quelques paroles, où l'on sent le zèle sacerdotal, il nous félicite de venir de si loin visiter la sainte Montagne de la Salette. Les pèlerinages rappellent à tous la nécessité de la prière et de la pénitence. Nous devons expier, nous devons prier pour ceux qui ne prient point et ne font que pécher. A l'exemple de saint Louis, il faut être « des orants et des pénitents, » et offrir à Dieu les fatigues de notre voyage, en particulier celles d'aujourd'hui, que le mauvais temps rendra plus accablantes encore.

A 8 heures, nous partons pour Saint-Georges de Commiers. Là, nous prenons le petit chemin de fer de La Mûre qui s'enroule en spirales autour des montagnes et nous permet de contempler des sites ravissants. Tout près de nous, un abîme au fond duquel le Drac (nom un peu drôle qui amusait beaucoup certaines Pèlerines) précipite ses eaux. Au-delà, de riantes vallées, doucement

ondulées, où les prairies, séparées par de gracieux bosquets, semblent être une suite de magnifiques jardins anglais. Puis à l'horizon,
des montagnes le plus souvent garnies d'arbres, quelquefois dénu-
dées, dont la cime se perd dans les nues. La pluie a cessé ; le ciel
un peu moins sombre nous laisse jouir de la beauté des paysages et
nous arrivons sans ennui à La Mûre.

Nous traversons le bourg sans chanter de cantiques (Ch. Ducol-
let ne veut pas) et nous rencontrons un bon Père de la Salette,
venu pour nous chercher. Il n'est qu'onze heures et pourtant l'une
des premières paroles du Père, c'est qu'il nous faut dîner à la hâte
si nous voulons arriver avant la nuit. Un peu surpris, nous nous
mettons à table et une heure après nous étions en voitures sur la
route de Corps. Les côtes y sont si rapides que les chevaux ne
marchent guère qu'au pas. A quatre heures, nous sommes enfin
rendus à Corps et chacun se dispose à gravir à pied, à mulet ou en
voiture les 8 à 9 kilomètres qui nous séparent de la Salette.

Beaucoup de pèlerins, des pèlerines même, prennent à pied le
sentier des Pères. Le premier kilomètre, par un chemin très in-
cliné et couvert de gros cailloux roulants, faillit déconcerter les
plus intrépides. Mais bientôt la route devint plus facile et nous
pûmes supporter nos trois heures d'ascension. Vers 7 heures,
après avoir aperçu, au fond de la vallée, la paroisse de la Salette,
nous dépassons enfin le haut sommet qui depuis si longtemps nous
cache la basilique. Quelques minutes plus tard, nous priions Marie
dans son sanctuaire. Les voitures n'arrivèrent qu'à huit heures et
par une pluie glaciale.

Le dimanche, 6 septembre, fut un jour de prières. De bonne
heure, les pèlerins vinrent dans la belle église romane, construite
en entier avec le marbre de la montagne, saluer Marie réconciliatrice des pécheurs. A dix heures, ils étaient tous réunis pour la
grand'messe avec un pèlerinage de la Mûre et beaucoup de pieux
fidèles accourus des environs. Devant une assistance nombreuse et
profondément recueillie, M. l'abbé Gruel, vicaire à Saint-Malo,

dans un sermon très remarqué, parla en termes émus, des douleurs de Marie. La Congrégation des Dames de la Mûre exécuta ensuite, avec une sûreté et un goût parfaits, des chœurs au Très-Saint Sacrement et des cantiques à Notre-Dame de la Salette; puis des chants en langue bretonne terminèrent la cérémonie.

L'après-midi se passa sur les lieux de l'apparition. La Salette est un plateau de quelques hectares dominé au nord, à l'ouest et au midi par d'assez hautes montagnes avec de profondes vallées à l'est et au sud-ouest. La basilique, un hôtel pour les hommes, un autre pour les femmes sont les seuls bâtiments que l'on voit en ce lieu. A deux ou trois cents mètres de l'église, sur le penchant d'un petit ravin, se dressent trois groupes de bronze et un chemin de croix entourés d'une grille. C'est là que le 19 septembre 1846, veille de Notre-Dame des Sept Douleurs et samedi des Quatre-Temps, un peu après midi, Maximin Giraud, âgé de 11 ans et Mélanie Calvat-Mathieu, âgée de 15 ans, virent la Très-Sainte Vierge. Maximin était de Corps, il se trouvait à la Salette depuis quelques jours seulement à remplacer un berger malade, il revint à Corps le lendemain de l'apparition.

Les deux pâtres qui s'étaient rencontrés la veille pour la première fois, venaient de prendre leur modeste repas près du ruisseau qui coulait à cette place, quand, au sein d'une lumière éblouissante, ils aperçurent une belle Dame assise et pleurant, la tête dans ses mains. Les enfants s'arrêtèrent surpris et effrayés. Mais la belle Dame se levant et cachant ses mains dans les larges manches de sa robe leur fit signe d'approcher. Attirés par le doux visage de Marie, les bergers s'avancèrent tout près d'elle. La Sainte Vierge alors se plaignit à eux de l'insoumission qui règne partout, de la profanation du dimanche, du blasphème, de la négligence à entendre la messe et à faire la prière, de la violation de l'abstinence. Elle prédit les plus grands malheurs si l'on ne se convertissait pas et toutes sortes de prospérités si l'on revenait à Dieu. Sortant du ravin, la Vierge s'éleva à la hauteur de ; mètre 50, puis disparut. Maximin est mort le 1ᵉʳ mars en 1875, en affirmant la vérité de tout ce qu'il avait dit sur la Salette. Mélanie, retirée aujourd'hui en Italie, est revenue à la Salette au mois de mai dernier et a fait sur les lieux mêmes le récit de l'apparition.

Les groupes de bronze sont d'une très grande beauté. La statue de la Sainte Vierge est peut-être, de toutes les statues de Marie, la plus expressive. Le souvenir des larmes que Marie a versées sur la malice des pécheurs endurcis, la crainte des menaces qui planent toujours sur la France impénitente, l'aspect un peu sombre de ces montagnes désertes attristent l'âme.

Après avoir bu à la source miraculeuse, qui jaillit de l'endroit où Marie posa son pied virginal, nous faisons le chemin de la croix et nous prions ardemment Notre-Dame de la Salette réconciliatrice des pécheurs de nous entourer toujours de sa maternelle protection.

Le lundi matin, 7 septembre, dès 6 heures, les pélerins après une dernière visite à l'église de la Salette redescendent à Corps. De lourdes voitures, traînées par 4 ou 6 chevaux, les y prendront vers 9 heures pour les conduire au Laus, à 60 kilomètres.

La prière, les chants, l'aspect varié des montagnes et des paysages, l'amabilité de plus en plus grande des pèlerins entre eux abrègent le chemin. Nous prenons un frugal diner au village de Brutinel et vers 3 heures nous apercevons Gap dans une très profonde vallée. Après 10 kilomètres en lacet sur le flanc de la montagne, nous dépassons cette ville et, deux heures plus tard, nous descendons de voiture au pont de l'Avance, à 1500 mètres du Laus.

Au-delà de la petite rivière de l'Avance et de quelques prairies, sur le penchant d'un coteau exposé au midi et abrité par de gracieuses collines, apparaissent, au milieu de vignes et de beaux arbres, quelques bâtiments avec une superbe église: c'est le Laus (*Lacus*) dont la très sainte Vierge a dit: « J'ai demandé le Laus à mon Fils pour la conversion des pécheurs ; il me l'a octroyé. Je veux faire construire ici une grande église en l'honneur de mon très cher Fils et au mien. » Au milieu de montagnes arides, dans un pays qui semble pauvre, le village du Laus est une oasis fertile et très gaie où l'on reçoit la plus cordiale hospitalité.

Le Laus est situé dans la paroisse de Saint-Etienne d'Avançon, à 4 lieues de Gap. Dans ce petit bourg de Saint-Etienne, qui se composait, alors comme aujourd'hui, d'une quarantaine de familles, naquit, le 29 septembre 1647, Benoîte Rencurel, choisie par Dieu pour fonder le pèlerinage du Laus. Ses parents étaient vertueux mais très pauvres. Elle perdit son père à 7 ans, et, pour gagner son pain, elle fut chargée de garder un petit troupeau. D'une douceur, d'une piété, d'une pureté angélique, Benoîte, que l'on n'appellera plus que la bergère du Laus, vécut avec la très sainte Vierge dans une intimité presque incroyable : Marie lui apparut pendant 54 ans.

A l'âge de 17 ans, un jour du mois de mai, Benoîte avait conduit son troupeau dans le vallon des Fours (on y cuisait du plâtre) situé au-dessus de Saint-Etienne. Tout à coup, à ses yeux ravis se montra une belle dame, tenant par la main un enfant d'une beauté extraordinaire. « Belle Dame, lui dit la naïve bergère, que faites-vous là ? Voulez-vous acheter du plâtre ? » La Dame sourit et ne dit mot, mais elle semblait si bonne que Benoîte lui dit vers le soir : « Voulez-vous goûter avec moi, j'ai du bon pain ; nous le tremperons dans la fontaine ? » Un nouveau sourire fut encore la réponse. La merveilleuse vision dura toute la journée ; elle se reproduisit le lendemain et les jours suivants, pendant quatre mois. Marie, par son incomparable douceur et sa ravissante beauté, gagna la confiance de la pieuse bergère, puis elle se mit à l'instruire. Elle lui apprit ses litanies et plusieurs prières, mais surtout elle lui inspira l'amour de la souffrance et le zèle pour la conversion des pécheurs. Le bruit de ces apparitions parvint à Gap. Après une enquête qui conclut à la réalité des faits, l'on conseilla à Benoîte de demander à la Belle Dame qui elle était. « Je suis, répondit-elle, la Mère de Jésus. Mon divin Fils veut que je sois honorée dans cette paroisse, mais pas en ce lieu. »

Pendant plusieurs jours, la bonne Mère, comme l'appelait Benoîte, ne se montra point. Ce fut pour la pauvre bergère une douleur poignante ; avec la céleste vision s'étaient évanouis son bonheur et sa gaieté. Or, un jour, qu'elle errait ainsi tristement sur le Pindreau, monticule derrière lequel s'abrite le bassin du Laus, elle revit la très sainte Vierge éblouissante de lumière : c'était le 29 septembre 1664. En un instant, Benoîte était aux pieds de la Bonne Mère qui lui dit : « Allez au Laus dont voici le chemin. Vous y découvrirez une petite chapelle par les bonnes odeurs qui s'en exhaleront : là vous me verrez souvent. »

La jeune fille chercha longtemps. Enfin un parfum délicieux la guida vers une chaumière en tout semblable aux autres. Benoîte y entra et aperçut Marie sur l'autel très pauvre: c'était la chapelle de Bon-Rencontre bâtie par les sept ou huit familles du Laus. En moins d'une année, 135.000 pèlerins s'y agenouillèrent. Cette chapelle, conservée dans son intégrité moins la façade, est devenue le sanctuaire de la basilique actuelle. La basilique, construite à l'endroit désigné par Marie, a 19 toises de longueur sur 6 de largeur, comme cette bonne Mère l'avait demandé. Elle a la forme d'une croix latine avec une seule nef et une chapelle absidiale. Commencée en 1666, elle fut achevée en 4 ans: véritable miracle dans un pays aussi pauvre.

Cette église est simple mais ornée avec beaucoup de goût, et, selon la prédiction de la très sainte Vierge, rien n'y manque pour les belles cérémonies. Nous l'avons bien vu le soir du 7 septembre, alors qu'une illumination artistement préparée répandait la lumière à flots et faisait étinceler les riches ex-voto qui en tapissent les murs. Quelques privilégiés sentent parfois encore les parfums qui embaumèrent si souvent la chapelle de Bon-Rencontre, mais tous les pèlerins y respirent les parfums d'une piété douce, confiante comme l'âme de la vénérable Benoîte.

Le 8 septembre, la basilique était trop petite pour contenir les 5,000 fidèles accourus pour célébrer la Nativité de la Bonne Mère. La Grand'Messe fut chantée sur la place, ombragée de beaux arbres, qui conduit au sanctuaire. M. l'abbé Garnier, qui, la veille et le matin, nous avait prêché l'expiation et la foi à la divine Eucharistie nous montra, de sa parole puissante et convaincue, que la France sera sauvée quand, par la dévotion à Marie, elle reviendra à la pratique de la loi de Jésus-Christ.

La pénitence, l'amour de la souffrance endurée pour les pécheurs, telles sont les intentions particulières au pèlerinage du Laus. La Vénérable Benoîte en est un exemple bien frappant. Elle fut persécutée ou plutôt martyrisée par le démon qui, après avoir failli l'étouffer dans son berceau, ne cessait de vouloir la faire mourir pour se venger des conversions innombrables qui s'opéraient au Laus. « Il vient à toute heure, disait-elle, et me tourmente aussi bien dans mon âme que dans mon corps. » A ces persécutions infernales permises par le bon Dieu, elle joignit les mortifications volontaires. Jeune bergère, elle servit pendant quelque temps deux maîtres : elle passait une semaine chez l'un qui était plus riche, une semaine chez l'autre qui était pauvre et avait de nombreux enfants. Chez ce dernier, elle donnait aux enfants presque toute sa nourriture. Toujours elle aima ces privations. Elle réduisit son sommeil à trois heures, puis à une heure. Très souvent elle se flagellait jusqu'au sang.

Enfin Notre-Seigneur l'associa à sa Passion. A l'entrée du vallon du Laus, en face d'Avançon, existait une croix devant laquelle Benoîte venait souvent méditer sur la Passion du Dieu crucifié. La vue de Jésus souffrant lui fendait le cœur : elle s'offrait comme victime pour la conversion des impies. Notre-Seigneur Jésus-Christ, touché d'un amour si tendre, apparut à sa pieuse servante, sur cette croix, tel qu'il était sur le Calvaire : fixé par des clous, et tout ensanglanté. Depuis ce jour et pendant 15 ans, Benoîte fut crucifiée une fois par semaine. « Du jeudi soir à 4 heures, au samedi matin à 9 heures, elle restait étendue sur son lit, les bras en croix, les pieds l'un sur l'autre, raide et moins flexible qu'une barre de fer. » (Manuscrits). La croix d'Avançon est aujourd'hui enfermée dans une châsse en cuivre doré, ornée de parois en cristal et suspendue dans la petite chapelle du Précieux Sang. Cette chapelle, construite en forme de reliquaire, est due à la générosité de MM. Tulasne, deux frères grands botanistes, membres de l'Académie des sciences, qui furent charmés par le pèlerinage du Laus. Cependant les prières, les mortifications de Benoîte et l'assistance de Marie avaient amené en foule au sanctuaire du Laus les pécheurs repentants. L'œuvre de l'humble bergère, devenue tertiaire dominicaine, était accomplie. Dieu la rappela à lui le 26 décembre 1718. Pie IX de douce et sainte mémoire, l'a déclarée Vénérable en 1871.

LA GRANDE CHARTREUSE

Pendant notre séjour au Laus, nous eûmes quelques instants de tristesse. Notre Directeur, avec de très grandes précautions et un très vif regret, nous annonça que nous ne visiterions pas la Grande Chartreuse. Les R. P. Chartreux, malgré la meilleure volonté, ne peuvent plus recevoir les groupes de pèlerins pour la nuit : l'hospitalité du monastère comprend un seul repas. La crainte de ne pas visiter ces lieux tant vantés nous fut d'abord pénible, mais, comme il nous restait deux jours et demi avant de reprendre à Lyon le chemin de la Bretagne, nous résolûmes de profiter de ce contretemps pour rendre notre voyage plus agréable encore.

Le lendemain matin, vers 6 heures, installés dans des voitures très confortables, nous partions de Grenoble pour la Grande-Chartreuse. Beaucoup de pèlerins nous imitèrent et n'eurent pas à le regretter. Décrire les paysages que nous admirâmes n'est point en mon pouvoir. Pendant plus de 4 heures, nous gravîmes une route aux sites enchanteurs et nous parvînmes à plus de 1200 mètres d'altitude. Nous avions traversé le Sappey, vrai paradis terrestre au fond des montagnes. Un de mes condisciples y était curé les années dernières.

Des pentes rapides par des gorges étroites, avec des montagnes à perte de vue, aux formes les plus capricieuses mais toujours pittoresques, embellies par d'élégants sapins qui après avoir tapissé les flancs escarpés des monts, couronnent gracieusement leurs cimes, nous conduisent pour midi à la Chartreuse.

Ce monastère caché au fond des Alpes, dans la plus ravissante solitude, dominé par le Grand-Som qui a plus de 2000 mètres, est d'un aspect un peu sévère, comme il convient à l'asile de la prière et du recueillement. Les fenêtres y sont petites, les cellules des Chartreux donnent sur des cours intérieures. Les bons Religieux craindraient d'être distraits par les sublimes beautés qui les entourent : leur âme pénitente se plait sous l'œil de Dieu, dans une sorte de prison. Cependant, une fois la semaine, ils prennent le bâton du voyageur et, montant à la chapelle saint Bruno et à Notre-Dame de Casalibus, ils puisent dans l'air vivifiant de la montagne et dans la méditation des vertus de leur fondateur une énergie nouvelle pour avancer dans la vertu.

Un frugal repas, terminé par le verre traditionnel de vraie chartreuse, une courte visite de la chapelle des Pères, du grand cloître de 215 mètres, de la salle du Chapitre rendue si curieuse par sa galerie des Supérieurs Chartreux, une excursion au pied du Grand Som que plusieurs voudraient gravir le lendemain afin de voir le soleil se lever sur la chaine des Alpes, absorbent les deux heures que nous avons à passer dans ce délicieux endroit. Par une route que d'aucuns trouvent plus belle que celle du Sappey, nous allons prendre le train à Saint-Laurent-du-Pont.

Le soir nous étions à Chambéry et le lendemain à Thonon. Nous avons visité l'église où l'aimable saint François-de-Sales reçut l'abjuration des protestants du Chablais. Tout près s'élève une très belle église qui recueillera les souvenirs de l'ancienne. Le lac de Genève, vaste comme une mer, aux rives un peu basses, qu'encadre, dans le lointain, la chaîne des Alpes, nous aurait peut-être paru plus beau, si depuis quelques jours nous n'avions tant admiré et si nous n'avions connu la Rance et la côte d'Emeraude.

Le vendredi, 11 septembre, nous quittions Lyon à 5 heures du soir et 24 heures plus tard nous étions de retour à Rennes.

EPILOGUE

Nous voici arrivés au terme de notre pèlerinage. Pendant quelques jours, nous avons admiré la piété vive, éclairée, aimable et patiente de tous les pèlerins et pèlerines ; nous avons contemplé les merveilles de la nature et de l'art, mais surtout nous avons joui de la beauté morale qui éclate dans les saints et dans l'Immaculée Marie dont nous avons visité les sanctuaires vénérés. Pendant ces jours, selon l'expression de l'un de nos plus édifiants compagnons de voyage, nous avons vécu d'une vie idéale qui aujourd'hui nous semble avoir été un rêve. Il nous reste à remercier Dieu qui, par ces pâles reflets de sa beauté, de sa sainteté infinie daigne nous attirer vers le ciel.

Un Pèlerin de Paramé.

Liste des Pèlerins à Notre-Dame de la Salette en 1896.

MM. l'abbé le Dimet, vicaire à Peillac, Morbihan. — Mademoiselle Jeanne Marie Perron, à Hennebont, Morbihan. — Mademoiselle Marie Tréquan, à Hennebont, Morbihan. — Monsieur l'abbé Le Bel, à Peillac, Morbihan. — Mademoiselle Elisa Dano, Peillac, Morbihan. — Monsieur l'abbé Le Large, vic. à Nivillac, Morbihan. — Monsieur l'abbé Huguel, vic. à Usarzan, Morbihan. — Monsieur l'abbé Burleau, vic. à Saint Dolay, Morbihan. — Monsieur l'abbé Le Gamac, vic. à Saint Dolay, Morbihan. — Mademoiselle Francine Guilvin, à Hennebont, Morbihan. — Madame veuve Charles André, à Segré, Maine-et-Loire. — Mademoiselle Le Baron, à Segré, Maine-et-Loire. — Mademoiselle Adèle Ségon, à Segré, Maine-et-Loire. — Monsieur l'abbé Thomas, vic. à Allaire, Morbihan. — Madame Daversin, à Malestroit, Morbihan. — Monsieur Trégouët, à Malestroit, Morbihan. — Monsieur Trégouët, à Malestroit, Morbihan — Madame Legavre, à Malestroit, Morbihan. — Mademoiselle Legavre, à Malestroit, Morbihan. — Monsieur l'abbé Allard, à Châteauneuf-sur-Sarthe, Maine-et-Loire. — Monsieur l'abbé Lepannetier, vic. à Louvigné-du-Désert, Ille-et-Vilaine. — Monsieur l'abbé Bertin, vic à Chauvigné, Ille-et-Vilaine. — Monsieur l'abbé Goudal, vic. au Loroux, Ille-et-Vilaine. — Mademoiselle Guillon à Autrain, Ille-et-Vilaine. — Mademoiselle Jouin, à Rennes Ille-et-Vilaine. — Mademoiselle Lucie Barry, à Rennes, Ille-et-Vilaine. — Monsieur Léon Gry, à Louvigné-du-Désert, Ille-et-Vilaine. — Monsieur Ambroise de Montigny, à Louvigné-du-Désert, Ille-et-Vilaine. — Mademoiselle Menant, à Saint Aubin-du-Cormier, Ille-et-Vilaine. —

Madame Rozé, à Saint Lunaire, Ille-et-Vilaine. — Monsieur l'abbé Guilloux, vic. à Saint-Ouen-la-Rouerie, Ille-et-Vilaine. — Mademoiselle Josse, à Rennes, Ille-et-Vilaine. — Mademoiselle Lefèvre, à Nantes. — Monsieur Alexis, à Nantes. — Mademoiselle Henriette Martin, à Nantes. — Mademoiselle Jeanne Bousquet, à Nantes. — Madame veuve Bousquet, à Nantes. — Monsieur l'abbé Stéphan, vic. à Ergué-Annel, Finistère. — Monsieur l'abbé Josset, vic. à Bouiseul, Côtes-du-Nord. — Mademoiselle Turpin, à Châteauginon. — Monsieur Foubert, à Coutances, Manche. — Mademoiselle Lodet, à Châteauginon . — Mademoiselle Patin, à Saint-Georges-Reintembault, Ille-et-Vilaine. — Monsieur l'abbé Nouvel, recteur de Princé, Ille-et-Vilaine. — Madame Donnadieu, à Rennes, Ille-et-Vilaine. — Monsieur l'abbé Guyon, aumonier à Rennes, Ille-et-Vilaine. — Comte du Dezerseul, à Saint-Didier, Ille-et-Vilaine. — Monsieur l'abbé Nio, vic. à Chapelle-neuve, Morbihan. — Monsieur l'abbé Suzur, vic. à Saint-Jean-Brevelay, Morbihan. — Monsieur l'abbé Le Baron, vic. à Locminé, Morbihan. — Monsieur l'abbé Feuilland, curé de Chaumay, Indre-et-Loire. — Mademoiselle Mocudé, à Plélan, Ille-et-Vilaine. — Mademoiselle Mocudé, à Plélan, Ille-et-Vilaine. — Monsieur l'abbé Leker, vic. à Saint-Malo, Ille-et-Vilaine. — Monsieur l'abbé Gruel, vic. à Saint-Malo, Ille-et-Vilaine. — Monsieur l'abbé Morel, vic. à Meillac, Ille-et-Vilaine. — Monsieur l'abbé Goudal, vic. à Domalain, Ille-et-Vilaine. — Monsieur l'abbé Maignan, vic. à Marcillé-Robert, Ille-et-Vilaine. — Monsieur l'abbé Rufflé, vic. à Paramé, Ille-et-Vilaine. — Monsieur Minsard, à Saint-Malo, Ille-et-Vilaine. — Mademoiselle de la Gatinais, château du Val à Plénée-Jugon, Côtes-du-Nord. — Monsieur l'abbé Letervier, vic. à Villedieu, Manche. — Madame Guillaume Lesergées, à Villedieu, Manche. — Monsieur Poisson Cottineau, à Nantes. — Monsieur Poisson Cottineau fils, à Nantes. — Madame veuve Carrère, à Nantes. — Mademoiselle Damourette, à Nantes. — Mademoiselle Loyer, à Cherbourg, Manche. — Mademoiselle Beaussieu, à Villedieu, Manche. — Mademoiselle Emilie Tetrel, à Villedieu, Manche. — Mademoiselle Pauline Tholy, à Nantes. — Mademoiselle Pauline Boutier, à Nantes. — Madame Peynaud, à Saint-Malo. — Mademoiselle de la Blanchardière, à Saint-Servan. — Mademoiselle de Lambilly, à Saint-Malo.

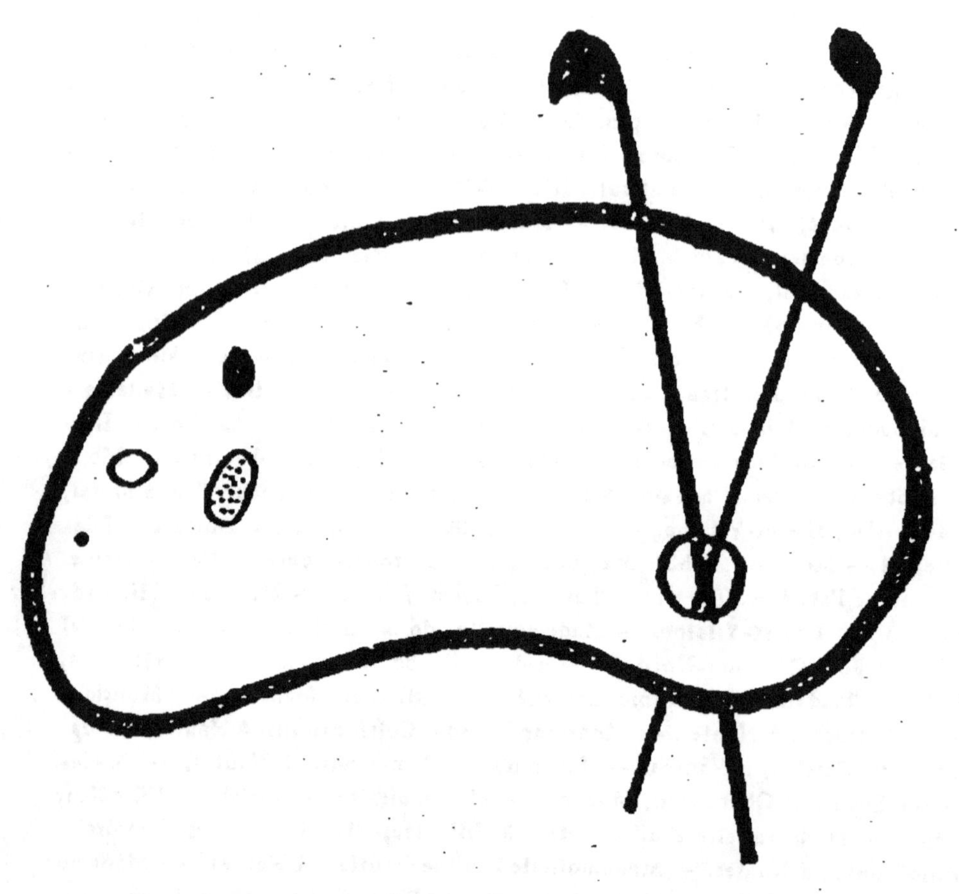

ORIGINAL EN COULEUR

NF Z 43-120-8